Renate Schoof

Auf dem Weg zu mir

Gedichte

mit einem Nachwort von Rolf Stolz

ROTE REIHE LYRIK
innerhalb der EDITION BÄRENKLAU
herausgegeben und redaktionell betreut von Rolf Stolz
Band 7

In der ROTEN REIHE LYRIK erscheinen Auswahlen aus dem Werk lebender Lyriker – überwiegend Unveröffentlichtes - für 10 Euro im Umfang von 120 bis 160 Seiten.

IMPRESSUM

Herstellung und Verlag: BoD - Books on Demand, Norderstedt
Copyright © Renate Schoof, 2022
Copyright © Cover Photo Renate Schoof, 2022
(„Heide Und Meer 22")
Copyright © der PBP 2022 by EDITION BÄRENKLAU, Bärenklau (OT)

Unter **www.editionbaerenklau.de** finden Sie unser gesamtes Paperback-, Hörbuch- und eBuch-Programm. Die Verfügbarkeit und Verkaufspreise der einzelnen Medien prüfen Sie bitte auf der „Plattform Ihres Vertrauens".

PBP® bedeutet **P**ersonality **B**ook **P**rint: Von uns wird nach Verfügbarkeit auf der Netzseite www.editionbaerenklau.de eine Druckausgabe der dort aufgeführten eBücher erstellt. Die Ausstattung kann von der Plattform-Version abweichen.

Erschienen in der EDITION BÄRENKLAU, Bärenklau (OT) 2022, Printed in Germany

ISBN 9783756203499

I

... und manchmal eine Libelle

Frühlingserwachen

Durch laue Luft hüpft freudig
eine Kühnheit. Andächtig gefolgt
von ihrem Schatten. Spaziert durch
festliches Specht-Tremolo, vorbei
an unbemützten Kindern, läuft
baumauf mit den Kleibern.

Ruhe vor dem Sturm

Müde geworden, welk und
braun, raschelt Vorjahreslaub
in den Wäldern

während das junge Grün, neu,
übermütig und hoffnungsfroh
die Märzrevolution ausruft.

Ausdauernd verkünden
Amseln und Meisen
einen Frühling für alle.

Gegenwärtig

Zwischen all den Sternen,
Milchstraßen, Monden und
schwarzen Löchern: die eine
Erde. Unter all den Füßen,
Rädern, Pfoten, Baggern und
Schienen: diese eine. In allen
Wassern gespiegelt: der Himmel,
Wolken, Sträucher, Bäume. Und
Sorge, die bange Frage.

Immer noch Eisberge, Lachse
und spielende Otter. Zwischen
Dahintreibenden immer noch
Schwimmer gegen den Strom.
Und Staffelläuferinnen, die
unbeirrt Leben weitertragen,
Licht, Kunst und Glück.

Rückkehr

Frühling wartet schon in den
alten Bäumen, die furchtlos
stillstehen auf nebliger Wiese,
bereit sich zu verwandeln,
zurückzukehren ins Leben.

Der graue Himmel verschweigt
den sonnig leeren Kosmos, in
seinem Da- und doch nicht
Dasein verändert er alles,
macht sichtbar.

Schwarzgraue Winterträume,
gemalt auf diffuse Unwirklichkeit.
Wolken liegen auf Berg und Wald.
Straßen strömen herab zu den
Brücken. Und kahle Bäume
fangen den verlorenen Blick.

Ostermorgen

Schlehdornweiß schimmert der Waldrand,
und silbrig der Bach zwischen jungen Erlen.
Staunend noch trägt die Natur
ihr frisches Grün wie ein Kind
das neue Kleid.

Im wolkenweiten Himmel
segeln und schreien zwei Bussarde.
Wege fragen nach dem Woher
und Wohin. Aprilsonne über
vom Eise befreiter Landschaft.

FrühlingsFrüh

Ich würd so gern den Stern mit einem
Namen nennen wie eine Blume. Den,
der so nah steht, über der Stadt, die sich
gerade besinnt, dass sie auf Erde gebaut
ist, auf Waldboden, Brache und Ackerland.

Die sich erinnert, weil sie aufwacht und
duftet. Die sich erinnert, weil Amseln
geblieben sind, als Felder und Wälder
untergingen; weitersangen als Häuser
kamen, Straßen, Autos, Neonlichter.

Weil die Amseln einfach blieben, singend,
hüpfend, fliegend, brütend und schimpfend,
in Parks, in Gärten. Sich auf Dachfirste
setzten zum Jubilieren, als wären Dächer
für sie zum Sitzen gebaut.

Siebenuhreinunddreißig

Und wieder steigt ein Sonnentag
über den alten Schuppen
zwischen den Büschen,
hinauf in die große Eiche;
nimmt mich mit,
mitten hinein in einen
unglaublich blauen
Morgenjubel.

Gesang von der Fülle

Ich fülle mein Herz mit Frühlingsmut,
im Wald, bei den Birken und Buchen.
Ich fülle es mit Taubengurren,
herumschwirrendem Surren und
Summen, mit Kinderlachen, dem Lied
der Regenamsel vom Giebel – und
suche nach Worten, dir all die Fülle
zu schenken.

Was wissen wir

Manchmal will sie den Menschen
wegschimpfen, die Amsel, raus
aus ihrem Garten, sie tixt, als sei er
Katze, Krähe, ein Feind.

In februarkalter Morgennacht hat sie
den Frühling herbeigesungen vor
meinem Fenster, mein Herz geöffnet
mit leisem Sehnsuchtsarioso.

Nun tönt Amselgesang von überall her
und heimlich entsteht ein Nest, versteckt
nah dem Haus im Rosenspalier, kein
Räuber darf es entdecken.

Lange Wanderung

Geduldig führt der Weg bergauf
und bergab. Zwischen Bäumen spielen
Mücken, scheint Sonne, freundlich geneigt,
schon recht westlich zum Untergang.

Einfach so leben im Abendlicht ohne Angst
vor der Nacht, vor dunklen Fragen;
ein bisschen Wind im Gesicht,
müde vom Antworten.

In den Wiesen jenseits des Waldes
soll es Lerchen geben, jubelnd
Morgen für Morgen.

Nicht mehr Auswege suchen, nicht mehr
gegen etwas denken müssen. Pause.
Luft schöpfen. Abspringen – endlich
vom Gedankenkarussell.

Wolkenlos

Er ist schön, der unendlich blaue Sommerhimmel
über dem Waldgrün, hinter dem Buchengrün,
Kieferngrün. Blau und Grün – Pfauenfederfarben.

Licht für dunkle Tage trinkt am Wegrand das
Johanniskraut. Und WindAtemGötter schaukeln
im Ahornblatt, wiegen Zitronenfalter, lassen Kiefern
zärtlich rauschen, kühlen Blätter und Nadeln.

Schweigend brütet ein Tennisplatz in der Sonne –
allein, erhitzt und beleidigt verschläft er das jubelnde
Jetzt. Vermisst nicht den Tanz der Füße,
den Aufschlag der Bälle auf roter Asche.

War einst Waldwiese, trug Gräser,
weiß blühende Margeriten, gelbe Spiegelblumen,
Mariendisteln und den kleinen Vogelbeerbaum,
Käfer, Schnecken, Igel und manchmal eine Libelle.

Lautlos der Herbst

Schlafend schon liegt der Acker,
in der Abendsonne, braun, leer,
gepflügt und geeggt.

Lautlos wachen daneben die Eichen,
Birken und Buchen, septembergrün noch,
erwarten geduldig Verwandlung, träumen
vom wilden, ausgelassenen Abschiedstanz
ihrer gelben, roten, ihrer goldenen Blätter,
in einen blauen Novemberhimmel.

II

In Fluss

Im Fluge

Schwärme bunter Buchstaben – aufgescheucht
wie wehrlos-winzige Fische, unsterblicher
als das freundliche Rufen der Wale –
durchqueren wissend, träumend, spielend
in unfassbaren Ordnungen ihre Räume in
archaisches Wirrwarr, geordnet wie
Schulkinder nach dem Regen.

Gelassen, manchmal auch liebestrunken,
gleiten Definitionen in Flüssen bergan,
hinauf ins Quellgebiet, springen zurück
ins Ursprüngliche und treiben dann
mit dem Strom wieder bergab, begleitet
von Metaphern und hungrigen Möwen,
heimwärts ins Offene.

Inspirationen tanzen im Licht auf Wellen,
überwinden federleicht Schwerkraft.
Gleich Sternbildern kreisen Utopien,
weisen Wege in ein froheres Morgen.
Zuckende, zündende Geistesblitze
zwischen ziehenden Wolken
und mächtigen Albatrossen.

Wenn es keinen Sinn ergäbe

In Wände geritzt, mit roter Farbe auf Mauerreste
gepinselt, voll blinder Hoffnung in Arenen gesungen,
in Kerkern geflüstert, in geweiteten Pupillen gespiegelt
und unter Sohlen graviert. Heimlich mit Lippenstift auf die
verspritzte Kachel gemalt, eingebacken ins Armenbrot und
hinausgeschleudert mit den fliegenden Steinen. Auf der
Wirbelsäulenflöte in die Maulbeerbäume gehängt,
verschlungen, kunstvoll, ironisch und – unendlich traurig.
Unterm Tresen gehandelt, an Küchentischen geadelt, wild,
verlässlich und so vergeblich wie der unstet-labile Habicht
beim Eintritt in die Sphären mehrsprachig zerborsten oder
auch geräuschlos implodiert. In die Wälder geschickt, in die
Wüsten, wiederzukehren, nutzlos, schüchtern oder betroffen.

Im Zwielicht

Am Hafen stehen. Und Zeuge sein all der
Entladungen, Entleerungen, der Schleppnetze
und grandiosen Vertäuungen.
Mit Fernando den altersschwachen Dampfer
kapern, um Inseln zu säen in den Atlantik,
während Julio das Rettungsboot klarmacht
für seine Cronopien und andere Klabauter.

Und endlich Wörter zurückwerfen ins Meer.
Mögen sie ins Grundlose fallen oder wachsen,
sich paaren mit Floskeln oder Scharfflossigem,
mit ätzenden, schillernden Quallen, Medusen,
mit Zwiebelfischen, schnatternden Seeanemonen.

Mögen sie strudeln, mit der Strömung driften
oder ihr entgegen, sich verlieren als leuchtendes
Plankton zwischen Schlingpflanzen und blass-
werdenden Korallenriffen. Mögen sie zurück-
gespuckt werden wie der unwillige Jonas oder
auf einer Fontäne tanzen, mit dem kleinen blauen
Ball im Delphinarium absurder Traurigkeiten.

Versmaß zügellos

Beladen mit Sinn, beladen mit Unsinn, gleiten Sprachwesen
in rasch fließender Strömung, Laute und Lautlosigkeiten,
Klänge, fallende Töne, Einfälle, geschmeidig schmächtige
Geschöpfe, volltönend oder geheimnisvoll, leichthin
sorglos ausgesandte Wellen, getragen
von Hirnstrom und Atem.

Nicht geklopft von knöchernem Finger können sie tun und
lassen was der Atem hergibt, sich freischwimmen, Satzfetzen
zum Schwingen bringen, in Halbsätzen rasten und rasen,
stakkato, legato, melodiös, pompös ominös, flüsternd und
lockend, rufend, mahnend, wehklagend,
grell und wahnsinnig.

Übermütig an die Ufer der Ströme gesprungen, gelichtet und
verdichtet schreiten sie fort und fort, harmonisch und leicht –
oder holprig und hart, schreiten pausenlos fort, girrend und
murrend, ächzend und ätzend schreiten sie maßlos, schreiten
sie maßlos auf uns zu, an uns vorbei
und in uns hinein.

Flaute

Kein Hauch nirgends. Schlaff
das abgerissene Tuch. Nicht
zu entziffern der Kompass.

Gestrandet im flachen Gemurmel
lausig verschwommener Seekarten.
Längst zerbrochen Ruder und Kiel.

Leck geschlagen. Auf brüchigen
Planken qualvolles Geplänkel
versandet seicht und schal.

Stummes Gerangel um Satzkrumen,
die unter Deck faulen, nur noch
taugen für den flüchtigen Rausch.

Muschelschutt

Schaumige Reste, Bläschen für
Bläschen vor Wichtigkeit
schillernd, zerplatzen bedeutungslos.

Halbsätze irren durch weiche
Nebel zwischen außen und
innen, Ebbe und Flut.

Von Fehlfeuern hierhin und
dorthin gelockt, während
verletzter Sinn lautlos zerrinnt.

In feinmaschig Gehäkeltem
verfängt sich Muschelschutt, raschelt
und knistert im Seichten.

Vorfrühling

Gern hätte das Schulkind
die Sprache der kleinen Wellen
gelernt, auf dem Heimweg am See.
Nachsprechen können, den
ganz eigenen Ton, den vertrauten
Klang, Selbstlaut des Wassers.

Aber es hörte kein A, kein O oder U,
da war kein rrr oder lll, kein kh, p
oder ch – kein Plätschern, kein
Rauschen. Unermüdlich berührten die
Wellen das Ufer, spielende Hände,
lichthell und ruhig, fast zärtlich.

Kein Gurgeln, kein Strudeln
am Kindheitsufer. Kein Murmeln
und Schurren. Nur Suche nach dem
Geheimnis, nach Verwandtschaft,
Winterstarre vergessend, den
eigenen Ton am Fremden zu finden.

Am Fluss

Hebt sich, schwingt sich hinauf zum

Himmel: ein federleichtes Gedicht,

licht-hell schwebt es im Wind wie

die Samenschöpfe der riesigen

Graupappeln.   Kreiselt als

sonniger Einfall vorbei an

stillenden Müttern, an

stillen Buchhaltern,

sommerhungrigen

Haushälterinnen,

Hundehaltern.

Kommt leise

zurück zu

mir.

III

Nun und nimmermehr

Luzide

In der Gegenwart eines glücklichen Gestern
träumend die oft gegangene Straße gehen,
jung noch im Morgenlicht, umarmt
von der Helligkeit eines Anfangs,
von zeitloser Leichtigkeit.

Die fast vergessene Freundin besuchen,
als wohne sie noch in dieser Stadt,
im alten Haus, als sei sie noch da,
die mädchenhafte Vertrautheit.

Aus allen Manteltaschen quellen übermütig
blühend frohe Erinnerungen, Liebesbriefe,
Abschiedsbriefe, künden vom Leichtsein
im noch ganz jungen Damals, das doch
niemals so leicht war wie im Traum.

Augenblick für Augenblick

Dröhnend brettert eine Suzuki durch die engen Gassen,
venezianisch, labyrinthisch, windgekühlt – rumpelt der
Straßenkehrer seinen Mülleimer vorbei – brät jemand
Fisch schon am Morgen – stillgeworden, fast wissend
schaut der Eidechsen fressende Schmiedevogel ins Weite

lauscht eine Dach-Terrasse dem leisen Treiben weißer Wolken
Und Augenblick für Augenblick
kommt jeder aus dem Nichts hervor

Häuser, die es nicht mehr gibt

Ihre Bewohner leben nun in mir
wie die Geister im Schuh. All diese
Kindheitsväter, in Hosenträgern
an Gartentoren, an Küchentischen
– meiner so anders mit Anzug und
Schlips. Die Mütter so anders,
Treppenhäuser mit ganz eigenen
Geländern, Geräuschen, Gerüchen
und Namen an Türen auf goldenen
Schildern. Kindheitswach, die
SinnesAntennen weit offen,
aufnahmebereit. Wahr nehmen, alles
für wahr nehmen. Wie sonst?

Kindheitsort später

Zeitlos wie damals
spielt auf sommerlich überwuchertem Pfad
unsagbar sanft Wind mit blühenden Gräsern.
Eichelhäher fliegen zum Wald, Federn lassend
am Wegrain blau-schwarz gebändert.

In Nachmittagshitze träumen Kiefern, Moos
und Blaubeerbüsche in gegenwärtiger
Vergangenheit, in nicht endender Gegenwart
vom Bleiben im Kommen, vom Werden im
Vergehen, von Herbststurm und Frühlingsregen,

wecken Bilder von Menschen, die Glogau
hießen, Huntemann und Weseloh, vom Kind,
das wir – selbst noch Kinder – Mählein riefen,
alte Geschichten von Menschen, die wir Oma
und Opa nannten vor langer Zeit, die Gesichter
und Namen tragen, solange wir denken können.

Ewigkeit

Manchmal halte ich die Zeit an,
einfach so. Und während ich
stehenbleibe, hält auch sie still.

Blätter winken noch einen Moment –
bis der Wind unmerklich verstummt.
Sommerlicht über endloser Ruhe.

Nun und Nimmermehr

Zögernd verlässt der Zug den Bahnsteig,
gleitet vorüber an Häusern, an Straßen,
an Schatten gewordenen Erinnerungen.

Am Zugfenster stehen, Vergangenes,
Verlorenes, einen Traum mitzunehmen – wie ein
armes, warmes Tier, versteckt zwischen Haut
und Hemd. Bleiben wollen in diesem Gestern,
im Ebennoch. Sich wünschen, Ungreifbares
festzuhalten – und wiederzukommen,
Uneinlösbares einzulösen.

Hiersein. Dort sein. Dasein. Als läge die
Seele ausgebreitet in diesen Straßen, im
alten Haus, unter Kiefern am Waldsee.

Melancholie des Abschieds, immer neu:
das Zusammenziehen in der Brust, das
Heißwerden um die Augen, während
Mitreisende wach oder müde, ruhig und
gelassen mit Zeitungen rascheln, auf
Tastaturen spielen, einfach so unterwegs
sind, sich selbst und andern verständlich.

Eingebettet in Wellen strömender Zeit liegen
sie nah beieinander: die großen und die kleinen
Abschiede. Das Nun und das Nimmermehr.

Ringwall

Schmaler Weg in heller Dunkelheit.
Vom Mondlicht verzauberter Pfad
durch Brennnessel, Heide und Brombeer.

Schreiende Nachtschwalben über
schimmerndem Birkenwald. Und
am alten Baum träumt so lange schon
die Schaukel von Mascha und Sonja,
in Licht und Schatten ist ihr Lachen
zu hören zwischen den weißen Stämmen,
und ein altes russisches Lied.

Umringt vom niedrigen Wall
brennen die Feuer der Jäger, der Fischer
und Sammler, hier fanden sie Schutz.
Leise Stimmen von Frauen und Kindern.
Das Mondlicht verwischt die Zeit,
meine Zeit, ihre Zeit, alle Zeit.

Zerstörbar wie der freundliche Abhang des Berges

Das Harte überdauert am längsten, der Totenschädel
länger als dein Gesicht, doch auch die Knochen – selbst
die Schädeldecke – zerbrechlich, die Seele, die Zuversicht und
der Frieden, so unendlich zerbrechlich. Lange schon gibt es
Helme für unsere Köpfe, doch keine Stiefel
für unsere Herzen.

Hätte Kafka sich doch nur besser geerdet, und wären
Hölderlin und seine Suzette als Blumenkinder
an warmen Stränden ... Mit einer Therapie
wäre Van Goghs Ohr an seinem Ort geblieben,
zum Lauschen auf die verletzliche Sterblichkeit
atmender Wesen.

Nachgelassene Aufzeichnungen

Lesen von honigsüßem Tee am Morgen, von
Sonne vor dem Fenster – Wörter und Sätze
gegen die Krankheit, den Krebs, gegen Angst
und Verzweiflung, geschrieben in schöner
Handschrift, fahriger werdend, Jahr um Jahr.
Lesen vom langen Weg zwischen hier und dort,
vom Blick übers Meer, blaugrau unter Wolken.
Sturm, so viel Sturm, innen und außen. Und
fern – fast einsam – die unendliche Weite des
Horizonts.

Rückweg durch blühende, sattgrüne Wiesen ins
Begrenzte, ins Dorf, ins Verlässliche, begleitet
von Kiebitzen, von Sorgen, von Zuversicht und
Pflichtgefühl. Blühender Löwenzahn, hunderte
Sonnen am Boden, Pusteblumen, leicht wie der
Wind, blass-lila Schaumkraut – und immer das
leuchtende, das zehrende bisschen Sehnsucht
nach der ganz anderen, der verstohlenen Liebe,
dem ganz anderen Leben, Verlangen nach
dem Unmöglichen.

Lesen in goldenen, roten und schwarzen Notizbüchern.
Von Alltäglichem und von Wunschtraumerfüllung. Von
unendlicher Zärtlichkeit – immer mal wieder, versteckt
und geheim. Unbeirrt beharrliche Vergewisserung,
bittersüß im Auf und Ab einer langen, einer großen
Liebesgeschichte. „Silver-lover-day gefeiert", steht da,
„im Auto hinter dem Deich." 25. Geburtstag einer Affäre.

Der Sektkorken kostete sie fast das Auge.
Es war dann nur sehr blau. Staunende Kolleginnen.
„Mit wem hast denn Du gekämpft?" Lachend bezwingt
sie das alles: unbequeme Fragen, Angst, Arbeit und
Stress.

Tüchtig ist sie, beliebt, unentbehrlich. Und
siegessicher trotzt sie der Krankheit Leben ab,
mit Freude und Disziplin alles richtig machend.
Lange noch ist sie für alle da, verantwortungsvoll,
unersetzlich in ihrem Sosein. Irgendwann beginnt
Vieles zu nerven, sie erträgt sie nicht mehr: die
Probleme der andern, schiebt die eigenen,
schwächer werdend, hin und her. Unentrinnbar
liebt sie den Unbeständigen so viel mehr
als den Beständigen.

Lesen von Operationen, Bestrahlungen, von
Metastasen, von Hoffnungen und Enttäuschungen,
vom zugewandten Arzt, von feinfühligen Schwestern,
von Lebenshunger, Verzweiflung. Und von der
unsterblichen Liebe zu einem, der nur für Stunden
zu ihr gehörte, der sie von Zeit zu Zeit glücklich,
aber auch todunglücklich machte.

IV

Auf dem Weg zu dir

Auf dem Weg zu dir

Am Rande des kahlen Waldes
blüht zärtlich der Weißdorn.
Sonne wärmt Fachwerkhäuser
zwischen Hügeln und Feldern.
Wege führen weit ins Land
und zeigen's ... Vielleicht aber
möchte der Frühling – so grün
und so jung – grad hier
ein wenig verweilen, bei den
melancholischen Kiefern, bei
den wilden Kirschen, unter
sich plusternden Riesenwolken,
dem unendlich nahen Himmel.

Liebeslied

Du bist die helle Sonne
und der tröstliche Mond,
vertreibst Kälte, Kummer,
Krähen und Krokodile.
Für Dich hängt die Palme
ihre Blüten in den Wind.

Und auf dein Lächeln wartet
so lang schon die Möwe in
morgenkühler Luft vor dem
Fenster, geschmiegt in den
übermütig mit allen Türen
klappernden Nordost.

Griechische Impression

Grüße aus dem Kosmos
trägt der Wind uns zu,
eleusinische Botschaften von
Werweißwoher, geschrieben
mit Kiefernnadeln auf Fetzen
aus salzigem Schaum.

Sanft gleitet der Große Wagen
hinter den Berg. Noch strahlt
Venus, glitzert der Mars. Wir
lachen die ganze Nacht, und
im Morgenschlaf träumst du
von Reiterheeren.

Taschenspiel

Wenn der Bus nicht kommt,
gehe ich einfach zu Fuß.
Oder ich fliege mit dem Wind.

Wie ein Stückchen
Frühlingshimmel
trägt sie mich
durch den dunklen Tag,
die kleine Tasche von dir,
die leichte, hellblaue,
gefüllt mit Liebesliedern.

Vom Warten

Auf deinem Stuhl sitzen und
aus deinem Becher trinken.
In deinem Bett schlafen und
deine Träume träumen.
Aber es hilft nicht.

Als wäre die Welt verstummt, als
hätte alles seine Farben verloren.
Selbst die hellblauen Wegwarten
verblassen vor Kummer
am Straßenrand.

Andersens Märchen

Wie er die Luft
um sie wegtrinkt.

Er macht seine Lunge
voll mit ihr.
Sie ist in ihm.

Dann sitzt er da,
wie der Märchengott
aus dem fliegenden Koffer.

Und sie würde
und sie würde
Hammel und Hühner für ihn schlachten,
ihm zum Abschied ihren
kleinen Finger schenken.

Aber sie kann gar nicht schlachten,
nicht einmal kochen, besitzt
weder Hammel noch Huhn.

Aber er wollte auch nichts als die Luft,
fliegt davon im Sternenregen
seines fantastischen Feuerwerks.

Bei Kuchen und Eis

Der Café-Garten
schnurrt vor Behaglichkeit
in Spätsommerwärme.

Am Nachbartisch große Gesten
und kleine Bosheiten, quälende
Beziehungsversuche.

Angriff und Verteidigung
während Himbeereis schmilzt
und Bier lauwarm wird.

Auf seinem Hemd steht:
Big Apple, in ihr Gesicht hat sich
der Frust tief eingegraben.

Vielleicht will er nur das eine
und sie etwas ganz anderes.
Ein kräftezehrender Kampf.

Die beiden Kinder hat er
spielen geschickt, manchmal
blicken sie scheu herüber.

Kollateralschäden

Blick in die alte Kiste,
gefüllt mit Opfern. Mit Vorsicht
zu öffnen. Kein Spielzeug.
Objektives, Subjektives,
Uraltes und ganz Neues,
Erlittenes oder Beobachtetes.

Er, sie, es. Laut und gewalttätig,
weinend, gedrückt und verletzt,
unzurechnungsfähig und
ausweichend, hibbelig und frech.
Der Vater, die Mutter, das eine
Kind und das andere Kind.

Wer du bist

Menschen führen in uns
ihr Eigenleben nach unserem
Bilde, würden sich vielleicht
kaum wiedererkennen.
Welch ein Wort: Eigenleben.

Tief wurzeln Wörter. Und welche
Wurzeln, Blüten, Möglichkeiten
eines Du erkennen wir? Verkennen
wir? Drei oder sieben, zehn oder
zwölf der Abertausend Varianten.

Erkennen heißt: kundtun, heißt:
unterweisen, wissen lassen, heißt:
verstehen machen, bekennen,
verkennen, wiedererkennen,
dich wieder und wieder erkennen.

Denken an ihn

Als die Ruderer im Vierer mit Steuermann
die Goldmedaille holen – denkt sie an ihn.

Irgendwo liest sie: Marx und Lenin
hatten doch recht – und denkt an ihn.

Weil sie ihre Freundschaft retten konnten,
als die Liebe endete vor der Zeit,
denkt sie gern an ihn.

Und doch kalt

Der Fremde ist der Fremde,
ist der Fremde. An Fremdheit
wachsen, solange die Kraft
dafür reicht. An Fremdheit
zu Grunde gehen, wenn sie
erschöpft ist. Die Hoffnung
ist die Hoffnung. In Fremdheit
getaucht, löst sie sich auf in
den Wolken, manchmal zu
blauer Unendlichkeit, schön
aber kalt.

Aprillich

Reden
gegen die Angst,
gegen Schuld, Trauer und Kälte.

Reden
gegen die Stille,
gegen das Verstummen,
und gegen die dunklen Wolken.

Später wärmt uns die Sonne,
lässt Regentropfen glitzern –
und verblasst schon wieder im
Himmelsgraublau.

Du sagst:
Es ist, wie es ist.
Und bestreichst mir ein
Käsebrötchen mit ganz viel
Liebe.

V

Morgenlandfahrt

Helle Dunkelheit

Wenn unterm schlaflosen Himmel
Nachtschwalben schreien, mondhell
Einsamkeit vor allen Fenstern wartet,
hinausgehen zum Strand, zum
unermüdlichen Meer.

Willkommen geheißen vom Wind, von
Welle und Gischt, sich einlassen auf das
Spiel der Gezeiten. Mit dem Mond
untergehn. In Händen das Zerrinnen
heimzutragen als ein allzu Vertrautes.

Fremdartig glitzernder Überfluss: das Meer.
Von Ufer zu Ufer zeitlos Zerfließendes,
in ganz eigener Ewigkeit anbrandend.
Nur tief unten, ganz innen schweigt es
in der Ruhe von Spannung erlöster Tropfen.

Wir sind

Eingeschlossen im Hirn, im Herzen, im Bauch
und in jeder Zelle. Im Hause, im Häuschen,
in der Bastion. Schauend und erkennend,
wissend und verstehend, entscheidend und richtend
von hoher Warte, vom ureigenen Felsennest aus.

Aber auch seerosengleich blühend, vielblättrig
schwimmend, gründend in unsichtbarer Tiefe.
Das Selbst. Bilder, Anmutungen, Perspektiven
für das, was uns trägt, uns Form und Farbe gibt,
uns ganz allein.

Hoher Himmel

Manchmal löscht jemand das Wunder aus,
einfach aus, wie ein allzu stilles Feuer,
nimmt die Farben, den Rhythmus, nimmt
alles aus dem Tag. Ermüdete Hoffnung
ringt um ein winziges Überlebensblau.

Manchmal erkennt jemand wortlos,
schenkt Gärten voll Licht – schenkt
die Heimkehr der Schwalben, zaubert
sie hoch an den Himmel, schenkt Weite,
Weite und Nähe.

Und manchmal erblindet ein Spiegel,
schweigt vor Einsamkeit – Angst oder
keine Angst, nicht jeder kann wählen.
Wer könnte denn warnen, trösten oder
auch nur verstehen.

Wohin – woher

Als wäre mein Leben
ein Stückchen Papier,
hellblau. Als wäre es eine Bitte,
ein Windhauch,
ein Stiefmütterchen,
mit dem Gesicht
zur Sonne gewandt.

Machtlos

Unscharf gespiegelt
von betrübter Seele
zerrinnen Tage und Wochen,
das Grünbunt des Sommers,
das weite Nirgendwoblau.

Schlaff geworden
die Hoffnungen,
die Freude, der Übermut.
Manchmal im Traum
lachende Menschen,
unnahbar fern.

Dazugehören

Die Neustadt, belehrt sie lächelnd jemand,
der alles weiß, die gehöre doch eigentlich
gar nicht dazu. Preußisches Ausland sei sie
lange gewesen. Deshalb der Tabakschmuggel
über die Brücke. Ergäbe ja sonst keinen Sinn.

Da macht ihr einer die Heimatstadt streitig,
sagt, es sei nur die seine, ist auf der richtigen
Seite des Flusses geboren, auf der reichen und
schönen. Sie auf der falschen und hat es gar
nicht bemerkt. Die falsche Seite. Mal ist es
die linke, woanders die rechte.

Und doch gehört das alles zu ihr: Das alte
Rathaus, der Dom mit seinen Geschichten,
Wallanlagen und Parks, Ufer, Deiche und
Seen. Auch die Kunsthalle, die Bibliothek
– und all das Falschseitige: die trostlose Schule,
die wehen Erinnerungen an kämpfende Kinder,
ängstlich und blass, mutig und taff auf Seiten
der armen, dreckigen, furchtlosen Schmuggler.

Mutterland

Eine nach Küken rufende
Glucke. Grauwarmer Sand
auf sommerlichem
Kartoffelacker. Kiefern,
die freundlich ein Schlaflied
rauschten.

Geruch nach Heide, Holz,
nach Moos und Ofen-
Anheizen. Nach klebrigem
Harz, nach Hühnerstall
und Glück. Beruhigendes
Abendgurren der Tauben.

Im Nachbargarten ein
blühender Kirschbaum,
damals. Und dieser
unerklärliche Duft nach
Frühling und Flieder. Innen
ist Heimat. Ganz innen.

Um zu wachsen

Sich selber Rätsel bleiben – Wunder,
überraschend.

Tag für Tag neu leben, erleben,
AußenIch und InnenIch, innerlich,
sich finden, verlieren, und
rätselhaften Spuren folgen, Anhaltspunkten.

Sich erkennen lernen. Und: enttäuschen,
sich und andere ent-täuschen, ehrlich sein.
Steigen und fallen, tanzen und forschen, denken
und fühlen, anhäufen und verstreuen. Üben,
stündlich neu zu sein, sich zu häuten um zu wachsen.

Und manchmal einfach die alte
Tarnkappe überstülpen, um der
Reibung gegen den Wind zu entgehen.
Und großzügig zu sein. Mit sich und
mit anderen.

Warnung

Öffne nicht leichtsinnig
der Schwermut dein Sein.
Lass sie nicht eindringen,
nicht deine Sinne benebeln,
dich wieder und wieder
hinunterziehen ins
Lichtlose,
ins
Sinnlose,
in dunkle Tiefe,
umfangen von
klebrigen Tentakeln,
festgehalten in stehender Zeit,
schwarz und trüb ohne Sonne,
ohne ein Du sprachlos, leblos,
tief unter dem Spiegel.

Unbestimmt

Herbstwind weht Blätter an Tür und
Fenster, kalt von Regen, Schmutz und
Nässe, vom Zwielicht zwischen den
Häusern. Schimmernde Knospe am
Rosenstock, mit Dornen, derb, fein und
ganzjährig: Waffen, verhaltene Triebe,
Splitter, stumme Feindseligkeit.

Im schrägen Licht der Unbestimmtheit
wissen: Überall ist Mittelpunkt. Immer,
wo auch immer, wann auch immer.
Für dich und mich, für Katze, Ratte,
und Regenwurm, selbst für den
frierenden alten Rosenstock.

Der Horizont: himmelmeerweit auf
unserer Insel – schwarzfeucht schattig
und eng im heimlichen Tal. Begrenzt
von Bergen, von Mauern, von tragischen
Zufällen, wehenden Haaren, von Moden,
Seltsamkeiten, von Freunden, Gerüchten.
Von Traditionen und fatalen Hoffnungen.

VI

Zwischen hier und dort

Heimatkunde

Alte Weltkarte, ausgemustert
am Boden der Grundschulklasse.
Blaue Meere, braune Gebirge
in wunderbar grünem Land. Der
Gast zögert, das gute Stück zu
betreten. Anders die Schüler:
Stolz stellt sich einer auf das
große Algerien, Mädchen drängen
sich lachend ums Schwarze Meer.
Auch Eritrea ist viel zu klein für
Kinderfüße auf Heimatboden.

Von außen blind

Für Jewgeni Alexandrowitsch Jewtuschenko

Wälder – Wege – Straßen – Berge – vorbei – vorbei,
vorbei am Fenster des Zuges – breite Täler, Häuser,
ein Friedhof – Felder, Wiesen – vorbei – vorbei –
vorbei, ein kleines Gehöft – irgendwo ein Fluss,
eine Brücke, wehende Werbefahnen, orangerot,
Bahnhöfe und Bäume – vorbei – vorbei – vorbei,
als gäbe es keine Menschen da draußen.

Aus der Tiefe der Zeit winken sie mir zu, seine
Erntearbeiterinnen, übermütig, vielleicht auch
sehnsüchtig nach einer Ferne, die der Zug
mit sich trug durch die Weite Russlands, nach
dem unerreichbaren Irgendwo – und aus Freude
über sich und den Sommertag damals, über
Reisende, die das Lachen und Winken erwiderten.

Längst verschlossen die Zugfenster. Wer sollte
– die Frauen, das Land und das Leben grüßend –
zurückwinken im Vorüberflug. Blind reflektiert
Glas mein Gesicht, undurchschaubar von außen,
wie die verspiegelte Brille meines Gegenübers.
Doch die Zeit, die Zeit fließt durchsichtig
um uns herum, durch uns hindurch.

Freiheit der Fahrenden

Nicht dazugehören, nicht
zu den Häusern, vor denen Wäsche auf Leinen weht,
zu den Astern in den Kleingärten, den Kohlköpfen, den
Sonnenblumen, zu den Menschen – und zu den Autos,
die vor einer Schranke warten.

Der Zug fährt vorbei, an all dem, vorbei ...
Bahnhof irgendwo, Kinder und eine Fabrik, ein
Parkplatz, sehr langsam durchquert der Intercity den Ort,
bevor er wieder an Fahrt gewinnt.

Von Tunnel zu Tunnel

hastet der Zug durch den Regen.
Kurze Lichtblicke in bunte Wälder.
Tief unten in Tälern fließen
triefnasse Autos, Blechwellen
grau-blau-schwarz und vergeblich.

Brügge – Berlin – Nowgorod

Immer noch – und immer wieder:
Berliner Straße. Häuser – große Häuser,
kleine Häuser, auch Wald, blühender
Schlehdorn, Kirschbäume. Und
wieder und wieder: *Berliner Straße.*
Während der Überlandbus sanft dahin-
gleitet. Träumt vor seinen Fenstern
ein Frühlingsnachmittag, sonnenhell
und warm. Überwinden Mitreisende
Zeiträume, erkennen staunend den
uralten Fahrplan. Als zu Hansezeiten ein
lukrativer Handel West und Ost verband.
Schnurgrade durch Dünnwald, durch
Schlebusch, Wiesen grün, Wiesen
gelb, Schaumkraut lilaweiß. *Berliner
Straße.* Liegengebliebene Hoffnungen –
und Lastwagen, Lärm, Autos, Busse,
ziehende Wolken, Überholmanöver.
Neue Straße mit altem Namen und
dann endlich: Haus Nummer 1027.
Eintausendsiebenundzwanzig Häuser
Richtung Leverkusen, bergiges Land,
Bauernhöfe, Geschichte am Wege:
Hilgen – Burscheid – Tente,
Wermelskirchen. Zugewuchertes
Schild: *Brügge – Nowgorod ...*
über Berlin, natürlich über Berlin.

Im zweiten Kreis der Hölle

Gut gegen Depressionen soll es sein,
das Radfahren im Regen, sagt der
Womanizer, alt geworden. Sich quer
durchs Ruhrgebiet kämpfen, unterm
herabstürzenden Himmel, durch
Täler über Brücken, Hose nass,
ja nun, der Kopf aber frei.

Dann liegt er wach, sagt er, im
Diskosound der lockenden Stadt,
in ihrer Lightshow: Scheinwerfer
streichen über ihn hinweg, durch
ihn hindurch, fatale Sehnsucht
nach Lust –
und Geborgenheit.

Nicht lau und nicht böse, getrieben
vom inneren Sturm über die Brücken
in den herabstürzenden Himmel,
wirft er dem Zerberus Geld, Dreck,
Honigkuchen – sich selbst in die
heulenden Rachen, auf dem Weg
in sein unbarmherziges Glück.

Above-the-line

Grauer Himmel – und alle Ampeln auf
Rot im Morgenkarate der Radwege,
Kreuzungen, Straßenränder, irgendwo
Birken noch immer alte Häuser,
sogar Fußgänger.
Auch Rechtsabbieger – und in wilder Panik
durchgehende Radfahrer die, all das und mich
hinter sich lassend,
blind in die
Abgründe
ihrer erbittert
kraftvollen
Ungeduld
stürzen:
„Buschido", dynamisch tänzelnder
Schriftzug auf silbriger Seide, Weg
des Kriegers – „lost in life" baumwollen,
oder doch eher „last life"? schweißnass
die vorüberjagende Botschaft.

Auf halber Strecke

Der Zug gleitet durch den Wald, vorbei an kleinen Wiesen,
an Baumriesen, begleitet von Wegen, vorbei an Lichtungen,
an Schonungen, an Windbruch und Totholz, vorbei an
dünnstämmigen Kiefern graugrün, hinein in die
                                    Tiefebene.
Unter weiträumigem langstufigem Wolkenhimmel
fängt sich
          ein Sonnenstrahl an fernem Kirchturm.
Winzige Gebärde im flachen Land. Weiter Blick
über Wintersaat. Zeugnis nie endender Hoffnung.

Abendlich

Langsam verlässt der Zug die Stadt, die schöne, lebendige
Stadt, die schreckliche, die hässliche, die arme, verkaufte,
verbaute, verkommene, schmutzige Stadt.

Wehmut wie am letzten Urlaubstag, am allerletzten Schultag,
am letzten Tag auf der Erde oder doch im allerletzten Jahr.
Vielleicht im letzten Jahrzehnt; falls es noch einmal gut geht.

Schonfrist, und ein Gefühl wie Abschied von all dem
Vertrauten, von der großen Stadt, ihren Straßen, Häusern,
Parks und Friedhöfen, Abschied von Kiefernwäldern, von Seen.

So zerbrechlich die Kiefern, die Birken, die Menschen und ihre
Häuser, die Schienennetze, zerbrechlich die Köpfe der Kinder,
die Mauern, die Staudämme und Bunker. Und die Wahrheit –
so lange schon zerbrochen.

Fahren in den sonnenuntergangsroten Himmel, in dunkles
Abendgewölk. Leiser Abschied von einem Stern, der
verloren, verraten und doch – überirdisch schön
durch das Weltall schwebt.

Familiengeschichte

Als wolle die Zeit lösen und löschen, vergilben
Brauntöne auf Fotos. Noch deutlich sichtbar ein
Kind, das später Großvater wurde, auf dem Schoß
der Mutter. Zwei Schwestern stehend, daneben
der würdige Vater, Herren-Schneider mit eigenem
Laden, das Brot zu verdienen, für zehn Pfennige
Leberwurst. Ernste Gesichter sprechen von Sorgen,
auch von Geborgenheit vielleicht von
mehrstimmigem Gesang am Abend.

Ein Foto vom Urgroßvater, der Kap Hoorn umsegelte,
bevor alles anders und er ein Zöllner wurde. Kein
Bild, nur eine Geschichte vom Urgroßvater, der nicht
heimkehrte aus Frankreich, der dort blieb nach dem
Krieg, tot oder noch lebend, das wusste niemand,
selbst die Urgroßmutter nicht, die allein zurückblieb
mit dreizehn Kindern und einer Tischlerei.
Vierspännig soll er gefahren sein, ein Schützenkönig
an den Sonnentagen der Vorkriegswelt.

Eingewandert vom Dorf in die Stadt, ein Bauernsohn,
Lehrer zu werden, Urgroßvater von Menschen, die er
niemals sah. Seine Frau – im Kindbett gestorben –
hinterließ kaum Spuren. Doch noch im Alter sprachen
Töchter und Sohn von der märchenbuchbösen
Stiefmutter und einem Vater, der seine Schulkinder
mehr liebte als die eigenen. Am Sonntag saß er im
Garten des Hauses bei den Volieren mit Fasanen und
seltenen Vögeln.

Und noch vor Erfindung der Fotografie lebten Ureltern,
die ein mediterranes Gen einbrachten in die Familie und
ihre Nachkommen segneten mit besonderer Schönheit,
mit braunen Augen und schwarzen Haaren, mit einem
angeborenen Sonnenschutz, Kinder hugenottischer
Glaubensflüchtlinge, Gärtnerinnen und Gärtner,
von Generation zu Generation.
So viele Lebenskünstler.
So viel Mut.

Begegnung am Morgen

Der Mann sammelt Müll aus den Büschen
am Straßenrand, leere Bierdosen, im Wind
knisternde Plastiktüten, ganze Zeitungsseiten,
Werbezettel, grün gestreifte Melonenschalen
mit ein bisschen Rot.

„Die Insel soll schön sein", sagt er. Sie ist
seine Heimat. Schon immer. Hier, unter den
Kiefern hat er gespielt als Kind. Bevor die
Hotels kamen. Bevor alles so anders wurde,
so fremd.

Müll sammeln in der Morgenkühle mit Michail.
Und an ihn denken, später, im Touristengewühl
im von Kreuzfahrern heimgesuchten Hafen, am
früher einmal menschenleeren Strand und in der
fast unsichtbar gewordenen alten Kirche,
bedrängt von neuen Straßen mit Souvenirläden.

Gesichtskreis

Überall ist immer Mittelpunkt der Welt.
Für dich, für mich, für Kind und Greis,
für Baum, Apfel, Wurm, ja selbst für den
Garten und den in die Pfütze fallenden
Regentropfen.

Der Horizont, der uns umgibt, ist unser
Horizont. Weit auf dem Meer – weit
wie Himmel und Hoffnung. Eng in den
Uniformen des Alltags, zwischen den
Scheuklappen des Dazu-gehören-Müssens.

Umzäunt und begrenzt von Vergangenem,
von Glaubenssätzen und Falschmeldungen,
getäuscht von den Weichfühlprogrammen
unfassbarer Gespenster*Rinnen, die den
öffentlich-rechtlichen Mainstream verbreitern.

Kinder und Lehrer strömen in Richtung des
Schuleingangs. Die Buchhändlerin öffnet die
Ladentür. Eine Katze blinzelt irritiert in die
Sonne. Ein neuer Tag beginnt – im Mittelpunkt
meiner deiner unserer und ihrer winzigen Welt.

VIII

Frostig die Nacht

Ambulanz

In Memoriam Stéphane Hessel und
Jewgeni Jewtuschenko

Im KZ, sagt der alte Mann, haben mich Gedichte
gerettet, beschützt gegen die Kälte, die Enge, den
Durst, gegen Hunger und Angst. Nacht für Nacht,
Goethe und Hölderlin, Baudelaire und Rimbaud,
Keats und Rilke gegen Verzweiflung, gelernt
als Kind, by heart, mit dem Herzen gelernt,
für Helen, die Mutter.

Jewtuschenko, sagt ein anderer. Zwischen
Elektroschocks und Psychopharmaka: Gedichte.
Hab den Verstand behalten, meine Seele und
das bisschen Darüber. Er winkt ab. Eine
Familientragödie, Misstrauen, falsche Sorge,
schon fast vergessen. Aber der Dichter, der
wollte alles Liebe küssen mit einem einzigen Kuss.

Wie Krankenwagen sollten Gedichte sein. Ambulanzen
für die Beschädigten, sagt ein Dritter. Und zugewunken
haben sich Erntearbeiterinnen und Reisende in seinen
Gedichten, als winke das Leben sich selber zu. Den Krieg
hätte er fast nicht überlebt, der Jewtuschenko, sagt jemand,
hat ihn selber gesehen, den großen Russen, in Berlin, die
Bühne des kleinen Theaters fast sprengend, neben dem
Brandauer, Klaus Maria. Eine Bombe, 1943 aufs Dach
der Moskauer Schule, falsch montierter Zünder, weit weg
im Feindesland Sabotage, mit Leben erkauft. Der Rektor
hat es den Schülern gezeigt, damals in Moskau. Und
Menschen wie Anna Seghers' Georg Heisler, sagt er, die
hat es wirklich gegeben. Saboteure auf Leben und Tod.

Wider die Furcht

95 Thesen gegen den Geld-Gott,
die Kumpanei der Geld-Gott-Anbeter.
Damals schon. Denn Befreiung
ist nicht zu kaufen.

95 Thesen genagelt an eine Tür.
Getrieben vom Gewissen,
der Luther, der Martin, voller
Vertrauen und heiligem Zorn.

Da steht er und kann nichts anderes
schreiben, aus Liebe zum Wort, das er
weitergab, zu lesen mit eigenen Augen,
zu denken mit eigenem Sinn.

Steht gar nicht mehr, geht längst weiter,
schleudert sein Tintenfass nach dem
Geld-Gott, dem Weltenzerstörer,
in einer ganz neuen Freiheit.

Am Vorabend des Krieges

Immer am Vorabend des Krieges.
Neues planen? Etwas wagen?
Heute, am Vorabend des Krieges?
Ein Projekt – vielleicht sogar
eine Schwangerschaft ...
Am Vorabende des Krieges?

Alles immer im Schlagschatten des
Kommenden. In Erwartung des Schlages
in einem Schatten leben, der Helles
verdunkelt, Angst vor dem allzu
hellen Licht, das unlöschbar
brennen, alles verbrennen wird.

Zu leise die Rufe nach Frieden,
die Schlafenden träumen das Leben.
Am Vorabend des Krieges.

Scheinmeister

Während ihr darüber klagt,
was geschah, werdet ihr schuldig
an dem was geschieht.

Während ihr über Verbrechen
der Alten sprecht, euch über
Unmenschlichkeit von damals erhebt,
seid ihr längst schon schuldig geworden
am neuem Unrecht.

Euer Pathos wabert
durch Gazetten und Äther. So viel
Selbstgerechtigkeit,
zum Verzweifeln.
Der Balken im eigenen Auge.

Ein ganz normaler Tag

Morgenhelligkeit vor dem Fenster,
vertrautes Licht. Sonnenaufgang.
Mittag wird es werden, Abend und
Nacht. Inschallah – so Gott will.
Der Herbst wird kommen, der Winter.
Und dann? Wird die Erde wieder grün?
Wiesen, Bäume, Weizenfelder. Oder
wird sie brennen überall, verbrennen
wie der blühende Irak, das reiche Libyen
und der arme Jemen ...

Auf dem Schreibtisch Papiere ordnen,
Gedanken ordnen, um Worte für die
Unordnung zu finden. Für das Zerstören
von Träumen, Lebensräumen,
von Glück, Hoffnung und Vertrauen.
Gibt es Worte für die Opfer?
Gegen die Täter, die Drahtzieher, gegen
die Nutznießer, gegen hirngewaschene
Schreiberlinge und Mitläufer?

Ein ganz normaler Tag, an dem ein
Krieg beginnt. Irgendwo in der Welt,
Beginn der unendlichen Verheerung.
Söldner, die Krieg spielen.
Nein, sie bauen keine Brunnen,
ihre Munition vergiftet die Erde.

Endspiel oder Heldengedenktag

Über dem Sarg die Fahne, Sterne
und Streifen. Im Sarg ein Mörder.
Und neben dem Sarg ein weiterer.
Ein gutes Spiel hätten sie mit-
einander gemacht. Zwei Spieler,
Desperados, Teufelskerle.
Heldengesang allerorten.

Die Erde als Punchingball, als
Kricketkugel, als Matchball
brutal gewissenloser
Kriegsgewinnler: Ein Baptist,
der Wasserwerke bombardiert
und foltern lässt. Ein Methodist,
der die Tore zur Hölle öffnet.

Vietnam, Chile, Argentinien,
der Irak, Libyen, die Ukraine ...
Die ganze Welt: Ein Roulette-Tisch
für Hasardeure. Ein Spiel für
Halunken, für Strichmännchen.
Pokern im Dienste des Imperiums.
Apokalyptisches Killer-Monopoly.

Luzifer

Gewaltig türmt sich der Fels,
das Meer, selbst die Hummel
fliegt außerhalb der Gesetze.

Sturm und Sonne, Feuer und Liebe –
schwach und bedürftig dagegen
der Mensch ohne Mitte.

Vermint grüne Berge, vergiftet die
unendlichen Meere, verstümmelt
und reißt ein Loch in den Himmel.

Sitzt auf allem, selbst auf dem
Lachen der Armen. An seinen
Börsen verspielt er Leben und Glück.

Verkrüppelt, unbeseelt, gnadenlos,
doch hochtourig jagt er
werweißwohin.

Gewalttätig stöbert das Menschentier,
frisst und besudelt, wirft Bomben,
bedient sich, zertritt,

hat längst die Sprache verpfändet, das
Herz verloren, die Mutter verraten
und das Kind verkauft.

Schonfrist

für einen Stern, der um
die Sonne kreist, Planet der Urwälder,
der unendlichen Meere und Flüsse, Stern
der Sonnenblumen, Delfine und Kiefernwälder,
der Bienen, Schmetterlinge und ... der Menschen.
Einsam schwebt er zwischen den anderen durch
die Tiefen des Raumes. Kleiner schutzloser Ball,
gut zu bewohnen, wie lange noch? Paradies für
die einen, eine Hölle den anderen, Fegefeuer
vielleicht für die vielen und vielen und
vielen. Tanzt ––––––––––– bis
er verglüht.

Brave new World

Überall bröckelt der Putz,
bröckeln die Mauern, Straßen
und Brücken.

Überall schleichen Unwesen,
schleichen Raubtiere
durchs Chaos,
durch den Nebel trüber
Informationen, dumpfer
Orientierungslosigkeit.

Vorsicht Pit Bull!
steht an der Gartentür.
Dahinter ein Mann,
als sei er ausgestopft.

Abschüssige Entsorgung

Treiben im lauwarmen Mainstream
träumend beflissen geschmeidig
Millionen und Abermillionen langsam
verwesende GebührenzahlerInnen
Richtung Abfluss.

Wackeln lange gegründete Wahrheiten
wie verschimmelte Götterspeise
und Kollateralschäden
vergammeln auf Mülldeponien.

Scheinheilig verbergen sich die Schinder
hinter ihren Schutzmasken wie die
Räuber in Märchen, Hotzenplötze
verkünden vorlaut Not und Elend, während
der große Bruder ihnen die Seele abkauft.

Schwarzes Loch

Durch tote Landschaften
sausen Autos fahrerlos.
Himmel und Erde
verkauft und verstrahlt.

Mit schäumender
Burgwelle durchqueren
Geisterschiffe
das erschrockene Meer.

Huschen Drohnen
lautlos über die
Ruinen verwüsteter
Städte und Dörfer.

Und mit einem
imponierenden
Feuerschweif startet
die Rakete zum Mars.

Untote bejubeln
den Start ihrer Mission,
ihrer Reise ohne
Rückfahrkarte.

Und in der unheimlichen Stille eines
kalten Weltraums verschwindet
– tief unter ihnen – die Erde
im Dunst.

Homomutatus

Der Tag zieht herauf, Venus
erblasst, Neumond erschöpft,
verschwunden und noch lange
nicht neu genug: die leere
Seite der Nacht.

Ein Morgen wischt sich das Blau
von den Lippen, unentschieden
wohin es geht, ob er beginnen
kann oder soll. Dann: sorgfältiger
Sonnenaufgang, mehrfarbig.

Milchige Kondensstreifen im
Wolken-Porridge zeigen wohin
es gehen wird, früher oder später.
Leichtfertig verstrickt, wie betäubt
vom gnadenlos alltäglichen Kampf.

Fern davon singen Influencerinnen,
Sirenen, beim Rückwärtsgang auf dem
Wasser. Lichtreflexe, lebendiger
Schein. An allen Ufern: goldblondes
Hüpfen ums schlachtreife Kalb.

Nächtlich

Jemand sagt: Lebenspause,
öffnet die gläserne Tür zum
verregneten Parkplatz. Ein
wenig verwirrt vom
verglimmenden Charme
einstmals hoffnungsvoller
Lichterketten, öffnet er
Schleusen für erschöpfte
Croupiers, für entzweite
Katamarane, für morsches,
mutloses Ungemach –

provoziert das Aufheulen
gestürzter Falschspielerinnen.
Im Irrsinn richtungsweisender
Verzweiflung – die Nacht
gleißend schwarz, so nass.
Fragile Immobiliendiebe,
geistern über säuberlich
wimmernde Grünflächen,
über Nutzungspläne,
Verdichtungsbauten, vertieft
in demütigende Wortgeflechte.

My home is my coffin

Das hören sie gern, dass wir zu Hause bleiben.
Dass sich das Leben in unserer Stube abspielt,
im Home-Office, beim Online shopping,
Telebanking, an der Spielkonsole, im
Hamsterrad im eigenen Käfig. Stroh wird
geliefert: Toilettenpapier, Cola und Snacks.
Sign on, sign out, sign up – Instant-messaging.

Aus Bürgersteigen wurden Parkstreifen, die Straßen
vielspurig erweitert für Lieferdienste, Streifenwagen,
für Mafiosi in Edelkarossen, Pharmariesen.
Per Skype winken sich Freunde, winkt sich
die Welt da draußen, immer mal zu. Haustüren
längst zugemauert, vorsichtshalber. Leichte,
leise Berührungen per touch-screen.

Und doch: Vom Wahnsinn gepeitschte Kreisel
mit Masken vermissen den Straßenkarneval.
Millionen Follower finden sich super mit üblichem
Sicherheitsabstand – nicht unter fünfzig Kilometer –
sind sie alle von Herzen so froh! Selbst wenn sie
rausgehen wollten: die abgestorbenen Füße
würden den Rest nicht mehr tragen.

VIII

Aus der Luft gegriffen

Aus der Luft gegriffen

Eine Strickleiter aus Silben,
aus schwebendem EisvogelGewölle,
zum Verlassen der Gletscherspalten.
Leichtsinnig locker all den frierenden
Fußangeln zu entfliehen.

Ein Seil aus Weiberbart, aus den Wurzeln
der Berge und wirbelndem Hirngespinst,
sommerhimmelblau, zum Schwingen
von Traum zu Traum. Unaufgeregt
im ersten Morgengezwitscher.

Aus Lehm und Stille eine Wand, Leben
darauf zu malen: Fische, Flusspferde,
Kaninchen und Kellerasseln – vielleicht
einen Tukan, Löwen, die nicht mit
den Hähnen krähen.

Metaphern wie Knollen aus dem Boden
graben, WortRüben, ZauberZwiebeln.
Abtauchen in unsägliche Tiefen, all die
versteinerten Fingerhüte zu bergen,
die jahrtausendealte Medizin.

Hoffnung aussäen zwischen verwitterte
Willensanstrengungen. Bedrohte
Überzeugungen, geheime Alphabete,
auspflanzen in die mit unablässigem
Überlebenstraining gedüngte Erde.

Eine Barke aus Birkenrinde – beladen
mit gestrigen Bildern, bewohnt von alten
Geschichten, von leiser Ausdauer, von
Arglosigkeit. Arche-Noah der Musen
über grauem Nebel aus FlüssigEis.

Zauberbild

mit einem sommerhimmelblauen O,
dem flirrenden Licht sich im Wind
wiegender Birken, einem Abend-A,
anmutig, sanft umarmt vom unendlichen U,
vom träumenden Ü, stachelbeergrün.
Dazu ein E, schwarz und weh –
geronnener Schnee.

Als BuchenStaben kopfüber von den
Bäumen, da hatten rollende, schwebende,
stolpernde Zungen längst selbst
gelautet, mit-gelautet, Kinder gerufen,

Beute verzaubert und Feinde verflucht.
Eigene Worte gefunden für Leben und
Not, für Haus, Pferd, Dachs und Flachs.

Herzfleisch von Worten zwischen
Zähnen, auf Zungen, unterm Gaumen.
Silbrig spritziges I, mutiges U, und
ein kollerndes Mondschein-O. Wer
formte das A? das Ai? das Eu? Und wer
flüsterte ein Ü ins Glück hinein, ins
übermütige Entzücken.

Spuren lesen

In den sich weitenden Horizont hinein-
laufen ins Menschwerden sich streckend
zwischen Baumgruppen und Gebirgen
Grasfressern und Raubtieren den Scheitel
die Stimme Speer und Faustkeil erheben
Wortkanten herausbrechen aus dem
namenlos Ungewissen.

Auf zwei Füßen Räume erschließen. Im
Schrei, lispelnd, stammelnd und singend
zwischen Brüllen und Krächzen mit Hand
und Fuß Zunge Kehle und Bändern mit
Bauch Hirn und Geschlecht eigene Laute
finden, Schritt für Schritt eingestimmt
in den ewigen Traum.

Unendlich langsam weidete Abraham seine
Schafe auf dem Weg ins Vermächtnis.
Auch seine Frauen, Töchter, die günstigen
Sterne. So viel Lust am eigenen Weg, an
eigenen Dramen, am Hinübergleiten in List
und Kampf, in Bilderfluten. Erzählbares
voll Weisheit und Unvernunft.

Wörter mit Bärten und Wörter mit Schürzen,
begnadete und rotgeweinte, herausgefallene,
liebgewordene, taugliche und entrechtete,
erzählen vom Zähmen des Zahllosen, von
Utopien abschreitenden Grenzgängerinnen,
unterwegs in den Wüsten brennender
Sehnsucht, dem Wunsch nach Sinnhaftigkeit.

Eulenspiegelgesang

Gedicht – Lücke im Alltag. Sommerheller
Entwurf, Gegenentwurf zum So-seienden.
Mit einem Sonnenstrahl den Moment zum
Bleiben bewegen, ihn erinnerbar machen, um
Hoffnungs-Spielräume zu erweitern, um alte
Geschichten zu erzählen und ganz neue Bilder
zu tuschen auf graues Himmelslicht.

Gedichte als Brücken, als Balken, als Seile
über Abgründe. Gedichte als Balancierstangen
für den Mut, den Übermut, den gewagten Tanz
über den Köpfen, für das vorsichtige, das
aufregend verwegene Überschreiten von Angst,
von Wut, Trauer und Einsamkeit. Ahnungen,
Wissen, Erlebnisse. Alles, alles auffangen,
einfangen in Wörtern, in Sätzen und Lauten.

Bilder. Formen. Orte

Die meisten Vasen haben keine Ahnung von
Blumen, wären vielleicht gern archaisch bemalte
Geschichtengefäße, Amphoren oder Krater.

Dem Meer eine weiche Wiege aus Rhythmen,
fremdvertraut atmend! Der Not einen Schrei und
das schwankende Wort!

Gelbblühende Taubnesseln Feldränder Wälder
Randpunkte und Gewölle Speisereste, Verortungen,
geworfen hinter Satzfassaden.

Flüchtige Leckerbissen Liebesbisse. Ursachen
und Anwandlungen Empfindlichkeiten
ausgesetzt auf den Bergen.

Ein letztes Gehöft. Dann nur noch Schleimspuren
auf Blättern, Spuren von Bauchfüßlern, unter
schattigen Hecken ihre zertretenen Häuser.

Expeditionen im Wortreich

Ortloses Stochern mit Buchenstäbchen
nach Leben in Wortverwehungen. Quengelnde
Forscher verloren in Feinstaublawinen.

Zwischen abgesprengten Satzbrocken schön
bellende Meistersänger in unfrohen
Letterngebirgen erbitterter Sinnlosigkeit.

Orientierungslos gestrandet im Irgendwo-
Nirgendwo, kein Leuchtturm im leergefischten
Karpfenteich uferloser Befindlichkeitsstörungen.

Originelle Metaphern wedeln mit kupierten
Sätzchen, während die jahrtausendealte Karawane
weiterzieht – weiterzieht – einfach weiterzieht.

Introspektion oder Herzstillstand auf hohem Niveau

Gradwanderungen über WortGebirge, SatzGebilde. Vorüber
an Gletscherspalten, an Schluchten, über Geröll, an
Felswänden kalt und abstrakt – von Artisten erklommen –
vielleicht aus Angst vor dem
Kitsch,
vor dem
Absturz,
steil hinab
ins Banale,
ins allzu
oft schon
Gesagte.
Stattdessen: Ausblicke ins atemlos unverständlich
Artifizielle, ins Unnötige, ins Überflüssige. Alle
Wegweiser manipuliert, führen ins verwirrende
Nichts, in Räume gespenstisch sinnentleerter
Selbstverliebtheit. Kultivierte SpezialistenLyrik,
lässig, gebildet und tot. Hybride Worthülsen,
unsagbar glänzend vor eitler Einzigartigkeit,
gefangen in solistischem Schneckenschleim.

Delikat

Wie vorwärts so rückwärts, wie aufwärts so
umgestülpt. Sprachbrei serviert als Sorbet,
eiskaltes Vokabelpüree mit Zimt und
Zunder, gequirlter Spirit an zerstoßener
Ratlosigkeit – ein bizarrer Mix. Gern auch:
teflonbeschichtetes Zeitwortmousse,
feinsinnig ideenreich und förderlich.

Koordinaten für Ab-und-an-Sätze

Meiden Sie Kreuzworträtsel. Meiden Sie Keuschlamm.
Melden Sie Latex. Melden Sie echte Lakritze und ...
Und meiden Sie andere.

Meiden Sie Beifuß Zittergras und Zinkverblendungen.
Melden Sie Liebfrauenbettstroh und ... Und melden Sie
Sprachverhüllungen. Melden Sie Vermutungen.

Melden Sie Schlüsselwörter und Steckverschlüsse.
Meiden Sie Hirnrisse Sirenen und Horizonte.
Meiden Sie sich und ... Und melden Sie andere.

Melden Sie sich an.
Und seien Sie froh.

IX

Mond und Mythen

Seltsame Stille

Meer bis zum unendlichen Horizont, dort unten,
auch eine schützende Bucht – im Schatten von Felsen
versteckt und verwaist ein uralter Hafen.

Menschenleer die Ruinen der herrlichen Stadt am Hang.
Verstreut die Steine des sagenhaften Amphitheaters.
Wo blieben die Tempel? Und wo die prächtigen Häuser,
das Lachen und Singen, das Kindergeschrei? In längst
überwucherten Straßen nur sommerheiße Mittagsglut.

Eine Ziege hebt stolz den Kopf, als sei sie die Amme des
Gottes, noch immer. Dann steigt sie dem Söhnchen nach,
hinauf ins staubige Nirgendwo.

Helena

Geschaffen, den Tag und die Nacht zu versöhnen,
den Sommer mit dem Winter, das Keimen und
Fruchttragen mit dem Sterben, der Kälte, der
Dunkelheit. Verwandt dem Helios, der Selene,
der Demeter und der Kore, geleitetest Du, Helena,
Jubelnde und Erschrockene, Mutige und Verzagte
durch die Zeiten, als Göttin der Vegetation,
des Blühens und Sterbens.

Bevor Dich griechische Sänger, Dichter und Maler
– auch Demagogen und Hetzer – schön nannten,
Dich benutzten, missbrauchten, Dich in vermeintliche
Liebeshändel verstricken, einen Krieg zu begründen,
warst Du verkörperte Natur, heilig, unantastbar und
mächtig. Wer sollte Dir einen Apfel schenken?
Alle Äpfel waren doch Dein, Du Göttin der Ernte,
schön an jedem Frühlingsmorgen, grau und kahl
in herbstlichem Feld.

Es berührt mich, wie Du auf einem römischen
Wandrelief stehst, zwischen Kastor und Pollux,
beide zu Pferde, beflügelt wie Engel, wie Schwäne.
Mit freundlich erhobenen Armen segnest Du die
Köpfe der Tiere, eine Mondsichel in Deinem Haar,
vielleicht. Verschwommen, entwertet, verkannt
hast Du überlebt, mit den Brüdern, aus altem
Kult, wie Du – zu Kindern des Zeus umgelogen.

Wolkenkraut

Fremdvertraute Tagetes tanzt im Sammetrock
Flamenco und duftenden Tangoblues in
Großvaters Paradiesgarten, lässt sich
umarmen vom alles begrenzenden Buchs.

Stille Schwester des Tarchies. Mit dem
schlangenbeinigen Gott aus etruskischem
Acker gesprungen. Er, der kindergesichtige,
Weissagung lehrend die Tiefpflügenden.
Ach Cicero!

Du, vielnamig, vielfarbig Vielgesichtige bist
wilde, fliegenabwehrende Totenblume, bist
Patula, Erecta, Nana, Minuta und Lucida,
gelbleuchtender Stern und Lakritzekraut.

Mariengeweihte türkische Nelke, sprichst
mit dem Wind Aymara, Nahuatl, Quechua und
Guarani an Sommertagen wie diesem. Tanzt
dich welk und müde, in dänischen Märchennächten
als Blume der kleinen Ida.

Schwalben

Jubelnd begrüßen sie
am Morgen die Sonne
und mich.

Schreiend vor Glück
sausen sie
durchs Himmelsblau.

Unzählige Schwalben
kreisen
über der alten Stadt.

Und jeden Morgen
schauen ein paar
zwitschernd vorbei.

Wir winken uns zu,
vertrauter
von Mal zu Mal.

Wie sie mich sehen?
Ein teetrinkendes Wesen
mit einem Buch.

Zum Frühstück begrüßen
sie auch dich,
kichernd im Vorüberflug.

Mond*in

Am Himmel steht staunend ein NachmittagsMond,
sich zunehmend rundend, ein wenig.
Anmutig ruhendes MarmorGesicht dort oben,
metaphysisch und surreal in einer
magischen Wirklichkeit.

Heitere Mondin – träumend, grad erst erwacht,
halb schlummernd noch – schwebt fern
in unendlichem Frühlingsblau, Augenhöhlen
zart angedeutet, kaum sichtbar
der steinerne Mund.

Unsterblich

Über Wolken, Dächer und Plätze eilt Athena,
aufrecht und leichtfüßig, Mensch und Tier zu
beschützen vor den Schrecken des Krieges, vor
Not, Tod und Untergang, vor dem Hass, vor der
Willkür. Mit klarem Verstand, Haus und Hof
zu bewahren, Olivenbäume, Brunnen, Ställe,
Werkstätten und Kornspeicher.

Die kopfgeborene Göttin trägt keine Rüstung,
keine Stiefel, nicht einmal Sandalen. Unsichtbar
ihre Waffen: Weisheit, Erfahrung, Spürsinn,
Geschick. Der Verteidigung gilt ihr Genie.
Das Gewand leicht gerafft, läuft sie barfuß durch
die Jahrtausende, macht Mut, stiftet Hoffnung.

Fremd warst Du mir als behelmte Pallas Athene,
gepanzerte Kopfgeburt, Vatertochter, ungreifbar
abstrakt, Kind einer Mutter, die der Gott böswillig
verschluckte, Dir aus seinem Kopf das Leben
zu geben. Artemis in den Wäldern, Gefährtin
von Hirschkuh und Bär, stand mir näher, auch
der mit Flügelschuhen geschmückte Apoll.

Durch Zeiten und Räume eilst Du voller Anmut
– noch immer unnahbar fern, ja überirdisch –
doch Schutz versprechend über alle Grenzen
hinweg, Verzagten den Rücken zu stärken.

Mondnacht

Leise heben die Kiefern
den leuchtenden Mond.
Pfifferlingsfarbener Ball,
freundliche Kinderlaterne,
nah wie ein Pfannkuchen.

Dann stößt er sich ab,
steigt in den Raum,
der weiße Himmelsstein
wird ferner Planet, kalt,
hart und fremd.

Von unfassbarem Heimweh
rauschen die Föhren.

Vor Sonnenaufgang

Mondsichel leuchtet hell durchs winterlich
schwarze Platanengeäst. Unfassbar zarter
Strich im Morgenrotgelb.

Und hinten am Horizont, fern über dem Wald,
der kleine weiße Diamant – die Venus
auf ihrer Reise anderswohin.

Die grazile Luna dagegen schwebt
höher und höher ins Himmelsblau, fort von
Helios triumphalem Erstrahlen.

Märzmond

Heute, am Tage vor Vollmond,
hat er ein stilles gelbes Gesicht,
warm, wie von innen erleuchtet.
Malt keine Schatten in Räume,
gibt kein Licht.

Vielleicht schaut er zurück. Hat mit
Venus die Seiten gewechselt, von
Ost nach West, vom Garten
zur Straße, von der Küche
zum Schreibtisch.

Mit den Amseln singt er ein
melancholisches Lied, möchte
bleiben, möchte nicht – pünktlich
um 5Uhr51 – eine nach Frühling
duftende Stadt verlassen.

Doch dann taucht er schon
vor der Zeit in die Wolkenbank,
verlässt unplanmäßig mein
Blickfeld, der astrologische
Vater aller Launen.

Das Venuspünktchen aber, das
besteht im Morgendämmern
noch
und noch
und
immer noch.

Renate Schoof, geboren in Bremen, lebt als Schriftstellerin in Göttingen. Nach einer Ausbildung im Buchhandel arbeitete sie als Dokumentarin bei der Deutschen Presse-Agentur in Hamburg; anschließend studierte sie in Lüneburg und Berlin und arbeitete neun Jahre als Lehrerin, bevor sie das Schreiben zu ihrem Beruf machte.

Seither erhielt sie Literaturpreise und Stipendien; ihre Gedichte wurden bei Radio Bremen, auf WDR 3 und 5 gesendet; im Deutschlandfunk war sie zu Gast in der Lyrik-Galerie. Es sind mehr als zwanzig Bücher von ihr erschienen, darunter die Romane *Blauer Oktober* und *Alle Wünsche werden erfüllt*, das Sachbuch *Geheimnisse des Christentums – Vom verborgenen Wissen alter Bilder*, die Erzählbände *In ganz naher Ferne, Kirschen zum Frühstück* und *Vergissmeinnicht und Gänseblümchen* sowie die Gedichtbände *Verrückte Wolke, Seelenvögel* und *Immer Meer*.

Weitere Informationen unter www.renateschoof.de

117

Nachwort

Lyrik ist die einsamste und freieste der Künste. Einsam, weil niemand - keine Theatertruppe und kein Musikus, kein Galerist und kein Filmregisseur - den Dichter in seinem Schöpfungsprozess begleiten. Frei, weil der Schöpfer der Verse seinen Weg in alle Himmels- und Stilrichtungen nehmen kann, weil ihm alles, was ihm gelingt, möglich ist. Er kann fröhlich oder melancholisch schreiben, nachsichtig oder bitterböse, allgemeinverständlich oder hermetisch, gereimt oder regellos... Maßgeblich ist allein, daß der Poet sein persönliches Fähigkeitskonto nutzt, ohne es zu überziehen und daß man ihm auf die Dauer die Kapriolen abnimmt, die er aufführt.

Renate Schoof geht ihren eigenen Weg – jenseits einer mehr und mehr in die Sackgasse unfruchtbarsten Avantgarde-Getues geratenden modischen Moderne, jenseits eines nur noch die alten Schemata wiederholenden Epigonentums. Natürlich gibt es fortgeschrittene, superwoke-hellwache und total elaborierte Zeitgenossen, die ihre Gedichte empört als ungenießbar retournieren werden, da sie nicht – der äußersten Avantgarde noch einige Meilen voraus – das Experiment elitärer Privatsprache auf die Spitze treiben. Ja, es ist in der Tat so, daß *AUF DEM WEG ZU MIR* für den Mann und die Frau auf der Straße weitestgehend zu verstehen ist. Ein großes Plus und keineswegs ein Nachteil! Selbst wer das Wort „Tremolo" nachschlagen muss und nicht weiß, wann und wo die „Märzrevolution" sich zugetragen hat, wird beispielsweise keine Schwierigkeiten haben, den Sinn der Gedichte *Frühlingserwachen* und *Ruhe vor dem Sturm* zu erfassen. Selbst Gedichte, die literarische Quellen ansprechen wie *Im Zwielicht*, wo die „Cronopien" des argentinisch-französischen Surrealisten Julio Cortázar (1914-1984) genannt werden, bleiben in der großen Linie verständlich.

Renate Schoof zeigt keine krampfhafte Bemühtheit um Originalität und Ausgefallenheit. Über den blauen Sommerhimmel sagt sie ganz schlicht: „Er ist schön...", über das Heimatgefühl „Innen ist Heimat. Ganz innen".

Ihr *Liebeslied* ist ungekünstelt und frei von allen Kitschzutaten:

„Du bist die helle Sonne
und der tröstliche Mond,
vertreibst Kälte, Kummer,
Krähen und Krokodile."

In *Gegenwärtig* oder in *Abendlich* gelingt es ihr exzellent, das innere Gegeneinander von Ängsten (die „bange Sorge" um die Zukunft unserer Erde) zu verbinden mit der Hoffnung auf

„Staffelläuferinnen, die
unbeirrt Leben weitertragen,
Licht, Kunst und Glück."

Dieses optimistische und mutmachende Fazit schließt aber keineswegs aus, daß mit Stellen wie „in Kerkern geflüstert" auf Gefährdungen und Verfolgungen hingewiesen wird oder daß in *Zerstörbar wie der freundliche Abhang des Berges* mit bitterer Ironie all den Besserwissern geantwortet wird, die genau zu wissen meinen, wie denn die großen Empfindsamen, etwa Hölderlin, Van Gogh und Kafka, richtig, sprich hart und cool, hätten durchs Leben kommen können.

Einen Gegenpol zur brutalen Gewalt der Mächte und der Mächtigen bildet für Renate Schoof in *Wolkenkraut* oder in *Schwalben* die alle geschichtlichen Ereignisse überdauernde Natur. Sie ist dabei keine Anbeterin einer reinen Natürlichkeit, sondern ist fasziniert von dem Miteinander und Gegeneinander zwischen Mensch und Natur, von dem Berührtwerden und den Berührungspunkten zwischen Außenwelt und Innenleben:

„Einfach so leben im Abendlicht ohne Angst
vor der Nacht, vor dunklen Fragen;
ein bisschen Wind im Gesicht,
müde vom Antworten".

Aber sie sieht und beschreibt durchaus auch den Kampf zwischen einer alles ausnutzenden Menschheit und einer überbauten, aber dennoch nicht verschwundenen, sondern sich wehrenden und zurückkehrenden Natur: Die Amseln sind geblieben, „als Felder und Wälder untergingen", als aus den Waldwiesen Tennisplätze wurden.

Eindrucksvoll gibt sie in *Helle Dunkelheit* die Stimmung einer nächtlichen Meerlandschaft wieder. In die Naturphänomene sind für sie Buchstaben und Worte, Definitionen und Inspirationen eingewoben – die Natur ist lebensvoll durchgeistigt. Und in ihr lebt auch die Vergangenheit des Menschen – Häuser, die es nicht mehr gibt, Verschwundene und Verstorbene (*Kindheitsort später*).

Manchmal ist für Renate Schoof ihre Lyrik wie in *Um zu wachsen* Instrument und Folie für eine Selbstanalyse, die sie auch „Sehnsuche" nennt. Wie so manche Dichterin, erinnert sei hier an Gertrud Kolmars *Die Fahrende,* empfindet sie sich als eine unterwegs, die nicht dazugehört und für die es nur ein „vorbei – vorbei –vorbei" gibt. In *Brügge – Berlin – Nowgorod* ist es eine lange Hauptstraße, die Berliner Straße, von Köln-Mülheim aus ins Umland nach Leverkusen reichend, die an die fernen Städte gemahnt.

Diese Autorin beherrscht die Weckung und Ausdeutung der unterschiedlichsten Stimmungen – lähmende Depression wie in *Flaute* oder *Warnung* ebenso wie der erwartungsvolle Aufbruch der Kindheit in *Vorfrühling,* abschiedsgesättigte Melancholie in *Nun und nimmermehr* oder das in der Erinnerung zurückgeholte Jugendglück in *Luzide,* das Federleichte und Spielerische im optisch zugespitzten Gedicht *Am Fluss* ebenso wie eine unabänderliche Ruhe in *Ewigkeit.* In *Nachgelassene Aufzeichnungen* gelingt ihr eine Lebens- und Liebensgeschichte einer nach langem Kampf vom Krebs besiegten Frau, in *Kollateralschäden* eine hellsichtige Beschreibung des Kampfschauplatzes Familie. *Familiengeschichte* bringt sogar eine Art lyrischen Kurzroman mehrerer Generationen.

In aller Klarheit grenzt die Dichterin sich ab von den Schwindeleien und Halbheiten der Machthaber: „getäuscht von den Weichfühlprogrammen unfassbarer Gespenster*Rinnen, die den öffentlich rechtlichen Mainstream verbreitern".

Ihre Verwünschungen gelten in *Wider die Furcht* in „heiligem Zorn" dem „Geld-Gott, dem Weltenzerstörer". Es geht ihr wie in *Eulenspiegelgesang* um das „verwegene Überschreiten von Angst, von Wut, Trauer und Einsamkeit" und darum, daß sie „alles, alles auffangen" kann, „einfangen in Wörtern, in Sätzen und Lauten." In dem Gedicht *Am Vorabend des Krieges* wirft sie die Frage auf, ob man denn nicht immer am Vorabend des Krieges lebe. Großartig auch die lyrische Erinnerung an jene allzu vielen Deutschen, die sich in einer trüben Mischung aus narzisstischer Selbstanklage und Kollektivschuldkult mittels des „Balken im eigenen Auge" der Bewältigung ihrer eigenen gegenwärtigen Schuld entziehen:

„Während ihr darüber klagt,
was geschah, werdet ihr schuldig
an dem was geschieht."

In *Endspiel oder Heldengedenktag* heißt es in äußerster Schärfe zum amerikanischen Imperium:

„Die Erde als Punchingball, als
Kricketkugel, als Matchball
brutal gewissenloser Kriegsgewinnler".

Dem setzt sie nicht allein Friedenswillen und Humanität der Völker entgegen, sondern auch eine Beschwörung der antiken Traditionen und Mythen, personifiziert in *Helena* als „Göttin der Vegetation, des Blühens und Sterbens" und in Athene, der Göttin mit den unsichtbaren Waffen „Weisheit, Erfahrung, Spürsinn, Geschick" (in *Unsterblich*).

Rolf Stolz

Inhalt